バイデン&ハリス
勝利宣言

The Victory Speeches of
Joe Biden and Kamala Harris

『CNN English Express』編集部＝編

生声 CD

対訳

朝日出版社

CD収録時間：38分56秒

●本書の収録コンテンツの一部は月刊英語学習誌『CNN English Express』の記事を再編集したものです。

●『CNN English Express』についての詳しい情報は下記をご覧ください。

ホームページ　https://ee.asahipress.com/

フェイスブック　https://www.facebook.com/CNNEnglishExpress

● CNNの番組視聴については下記をご覧ください。

https://www2.jctv.co.jp/cnnj/

● CNNのニュースをネットで読むには下記へアクセスしてください。

英語サイト　https://edition.cnn.com/

日本語サイト　https://www.cnn.co.jp/

■ Contents

バイデン&ハリス勝利宣言のひみつを探る

——本書のガイドをかねて

鈴木 健（明治大学教授）

■2020年アメリカ大統領選の特徴

今回の大統領選は、150年前の南北戦争以来の分断を抱えた選挙と呼ばれました。背景には、分断をあおり、人々を二分させることで支持基盤を固める戦術を取ったトランプ政権の4年間があります。それに対して、バイデンは「よりよい再建」(Build Back Better) というスローガンを掲げました。

具体的に、今回の選挙における対立点を見てみましょう。第一に、経済格差です。現在、全米上位1%の富裕層が所有する富は全世帯総資産の約3割を占めており、下位5割の全資産の約15倍となっています。トランプが行った減税政策によって、富める者がより裕福になり、政権発足後の株高も富裕層をさらに裕福にしただけで、貧困層には恩恵がありませんでした。結果的に、彼が「忘れ去られた人々」と就任演説で呼んだ、「さびついた工業地域」(Rust Belt) の中西部の高卒白人層が支持離れしたことが、激戦州でのバイデンの勝利の一因になりました。

次が、人種問題です。トランプに逆風となったのは、2020年5月25日にミネソタで警察官がフロイド氏を死なせたことがきっかけとなった「ブラック・ライブズ・マター」(Black Lives Matter: 黒人の命を軽んじるな) 運動です。経済政策研究所によれば、黒人世帯の現金貯蓄額は8,752ドルと白人世帯の4万9,520ドルの2割以下です。コロナ禍においても、彼らは満足な医療を受けることもステイホームもできず、小売り・販売や公共交通機関などの現場に働く黒人たちは感染の危険に身をさらすことを余儀なくされました。結果として、87%がバイデンを支持した黒人票が中西部・南部激戦州での勝利につながりました。

最後が、世代間の対立です。約7,200万人のベビーブーマー（1946-59年生まれで、高齢の両親を抱え定年者も多い）、約6,600万人のジェネレーションX（1960-80年生まれで、よい時代も悪い時代も経験）、約7,800万人のミレニアル世代（1981年以降生まれで、格差固定の時代に育つ）という世代間の分裂もあります。多様化に寛容で環境に関心が高いミレニアル世代は、変革を求めています。ミレニアル世代は、2016

年の選挙では55%がクリントンに投票しましたが、今回は62%がバイデンに投票しました。特に、彼らが「共和党の牙城」である南部のアリゾナやテキサスに大量に入ってきた結果、激戦州の投票動向を変化させました。

■バイデン&ハリス流レトリックのひみつ

今回、「反トランプ」以上の強いアピールを打ち出せずにいたバイデンが、副大統領候補ハリスとのコンビで勝利を収めて第46代大統領の座を手にしたのはなぜでしょう。その一端を知るには、彼らのスピーチの巧みなレトリック(言語表現のワザ)のひみつを見ることが欠かせません。

バイデンのレトリックには、2つの特徴があります。第一の特徴は、「価値観へのアピール」(appeal to values)です。多民族多文化国家であるアメリカは、ともすれば分断しがちです。しかし、オバマもしばしば引用した国是「多様性の中の統一」(E Pluribus Unum)にあるように、アメリカは理念の大国です。受け入れられた移民が「アメリカンドリーム」を目指して努力することが、国を分断するのではなく強化すると考えるのがアメリカ式民主主義です。バイデンは指名受諾演説で、「今のような困難な時代に、私は前進する方法は1つしかないと思います。(……)より完璧な連合を目指して団結したアメリカ。私たちと私たちの子どもたちのために、より良い未来を夢見て団結したアメリカです」と述べています(本書p.29参照)。

次の特徴は、「個人的な物語」(personal narrative)の使用です。通常、政治演説では偉人のエピソードが用いられますが、バイデンは、あえて個人的な物語を語ることで人々の共感を得る戦略を取ります。指名受諾演説で、フロイドさんの6歳の娘ジアーナから葬儀前日に「パパは世界を変えた」と言われて、「その言葉は私の心の奥に突き刺さりました」と人種差別問題を一掃する世代を目指すことを決心したと伝えています(本書p.29参照)。彼自身が幼少時代に吃音症(きつおん)に悩み、上院議員当選直後に交通事故で妻と娘を亡くしたり、二人の息子を育てながらデラウェアから首都ワシントンまで片道2時間かけて電車通勤するなど、苦労や悲劇を乗り越えてきただけに、こうした物語を語ること自体がバイデンの人柄を語ることにもなっています。

最後に、ハリスのレトリックにも触れておきましょう。女性初で黒人・アジア系初の副大統領となる彼女のレトリックの特徴は、「実演」(enactment)です。実演とは、話者自身が話している内容の証明として機能するような技巧です。指名受諾演説で、「私が今夜ここにいるのは、すべての人に平等、自由、正義をもたらすという約束を熱心に信じてきた、私の前の何世代もの女性たち、男性たちの献身の証しです。今週は、憲法修正第19条が成立してから100年を迎え、私たちはその権利のために闘った女性たちをたたえます」と、女性が政治参加する重要性と彼女が副大統領になる意義に触れています（本書p.11参照）。さらに勝利宣言では、「私がこの公職に就く最初の女性かもしれませんが、最後ではありません。(……) この国は可能性の国だということを理解するからです」というメッセージを伝えています（本書p.45参照）。

■バイデンの勝利演説を見る

通常、大統領選での勝敗が確定すると、敗者が敗北宣言を行います。敗北宣言の起源と言われているもののひとつが、1860年に上院議員ダグラスが、リンカーンに「党派的な感情は愛国心に屈しなければならない。私はあなたについていく」と伝えたもので、2000年にゴア候補がブッシュ（子）に敗北を認めた際にも引用しています。それを受けて新大統領は、勝利演説を発する伝統があります。

勝利演説の主な目的は、以下の４つにまとめることができます。まず最初に、敗者と彼らの支持者へのねぎらいの言葉です。彼らは、主義主張の違いから反目していただけで、協力してよりよいアメリカを目指すという点では考えが一致していたことを表明するためです。バイデンは、「皆さんのうちトランプ大統領に投票した人全員にとって、今夜は失望の時だと理解しています。(……) しかし、今はお互いにチャンスを与えようではありませんか。(……) 前に進むために、われわれは対戦相手を敵として扱うことをやめるべきです。彼らは敵ではありません。アメリカ人なのです」と述べます（本書p.65参照）。さらに、「聖書は何事にも季節があると教えています。建てる時、刈り入れる時、種まく時――そして、癒しの時です。(……) 皆さんがわれわれに求めたのは、良識の力や公正の力を結集すること、現代の大いなる戦いにおける科学の力や希望の力を結集することでしたが、(……) 気候を制御して地球を救う戦い、良識を取り戻して民主主義を守り、この国の全員に公平なチャンスを与える戦いのことです」と答えを提示します（本書p.67参照）。ここでは、聖書の引用という「宗教的な比喩」(biblical metaphor) が用いられています。

第２の目的が、個人や政党でなくアメリカという国の勝利を強調することです。激しく戦った選挙後の最初の大統領の仕事は、人々が米国という１つの国として行動を共にする宣言を行うことだからです。バイデンは、「この国の人々が声を上げました。彼らは、われわれに明確な勝利、文句なしの勝利、「われら国民」にとっての勝利をもたらしました」（本書p.55参照）と演説を始めて、「私は誇りある民主党員ですが、統治するにあたってはアメリカの大統領となります。(……) アメリカに悪魔がはびこるようなこの忌まわしい時代を終わらせることを、今ここで始めましょう」と宣言しています（本書p.71参照）。

第3の目的が、課題（task）に対する取り組みへの強い決意です。選挙日までに900万人を超える感染者と23万人を超える死者が出ており、コロナ対策とそうした状況の中で経済をどう立て直すかという問題は急務となっています。勝利の幸福感にひたるいとまもなく、次の大統領は国民に緊急課題への取り組みの決意を示す必要があります。「われわれの最初の仕事は、新型コロナウイルス感染症を制御することです。われわれは経済を立て直すこともできなければ活力を取り戻すことも、人生の最も貴重な瞬間を享受することも（……）できないのです、それを制御しない限りは。月曜日に、私は一群の主要な科学者や専門家を政権移行チームの顧問に任命する予定です。「バイデン・ハリスCOVIDプラン」を取り上げてそれを行動を起こすための青写真に変換し、2021年1月20日に開始できるよう彼らに助言してもらいます」と、バイデンは新型コロナ対策を最優先課題とすることを明らかにしています（本書p.69参照）。

最後の目的が、アメリカの伝統的な価値観を思い起こせることです。なぜならば大統領は歴史の「転換点」（an inflection point）で、危機に立ち向かい、危機を乗り越えることでより強固な国を造ってきました。そうした偉大な国家の伝統に立ち戻ることで、人々に不屈の精神で問題に取り組む覚悟を植え付け、いかなる問題の解決も不可能ではないと説得するため、バイデンは、「1860年に北軍の救援に向かったリンカーン、1932年に苦境にあえぐ国にニューディールを約束したフランクリン・ルーズベルト、1960年にニューフロンティアを確約したジョン・F・ケネディ」と、過去の名言や人物に言及するアピールである「引喩」（allusion）を用いました（本書p.73参照）。

SUZUKI Takeshi
ノースウエスタン大学コミュニケーション学博士（PhD）。南カリフォルニア大学フルブライト客員教授、ケンブリッジ大学客員研究員を歴任。現在、明治大学情報コミュニケーション学部教授。著書に『大統領選を読む！』(2004)、『政治レトリックとアメリカ文化』(2010)、『The Rhetoric of Emperor Hirohito』(2017)、『The Age of Emperor Akihito』(2019)、共著書に『説得コミュニケーション論を学ぶ人のために』(2009) など。

■バイデン&ハリス・プロフィール

ジョー・バイデン

1942年11月20日にペンシルベニア州スクラントンで、4人兄弟の長男として誕生。10歳のときに、父親の仕事の都合で東部デラウェア州に移住。幼少期から吃音（きつおん）に悩まされ、フルートやフットボールが好きな少年だった。デラウェア大学卒業後、1965年に法科大学院に進学。1966年に最初の妻ネイリア・ハンターと結婚し、2男1女をもうける。1970年にデラウェア州ニューキャッスル郡の郡議会議員に初選出され、1972年に29歳の若さで上院議員選挙に当選。その直後にクリスマスの買い物に出かけた妻ネイリアと娘ナオミが事故死、2人の息子も重傷を負う。1977年にジル・ジェイコブスさんと再婚。1988年に大統領選挙に初めて立候補するが、演説の盗用を指摘され撤退。2008年に再び大統領選の候補指名争いに敗れるも、バラク・オバマ大統領のもと副大統領に選出される。2015年には長男が脳腫瘍で死亡するという不幸に再度見舞われる。2020年、3度目の挑戦でついに勝利を得る。

カマラ・ハリス

1964年10月20日にカリフォルニア州オークランドで、2人姉妹の長女として誕生。母親はインド出身のがん研究者シャマラ・ゴパラン・ハリス、父親はジャマイカ出身の経済学者ドナルド・ハリス。7歳で両親が離婚後は主に母親に育てられた。母親の仕事の都合でカナダのモントリオールで少女時代の5年間を過ごし、1986年にハワード大学を卒業。1989年にカリフォルニア大学法科大学院を卒業後、検察官として活躍。2011年に女性として初めてカリフォルニア州の司法長官に就任。「革新的な検察官」を自認し、警察改革などを推進してきた。私生活では2014年にダグラス・エムホフ弁護士と結婚し、血のつながりのない2人の子どもがいる。民主党の新進気鋭の若手として注目され、2017年からカリフォルニア州選出の連邦上院議員に。今回の大統領選挙では討論会でバイデン氏相手に鋭い弁舌を披露。2020年8月にバイデン氏により副大統領候補に指名された結果、初の女性そして、初の黒人・アジア系の副大統領になることになった。

カマラ・ハリス「指名受諾演説」

Kamala Harris: Nomination Acceptance Speech

カリフォルニア州初の女性司法長官を経て、2016年に上院議員に当選したカマラ・ハリス。
2020年には大統領選に打って出たが、予備選序盤で撤退を余儀なくされた。
しかし、この民主党の若きホープは、副大統領候補に指名されて再び全米の注目の的に。
黒人とアジア人の血を受け継ぐ彼女は、有権者に何を訴えたのか。

放送日：2020年8月19日（現地時間）
場所：デラウェア州ウィルミントン「チェイスセンター」
本書収録：抜粋して収録　CD収録時間：5分33秒

写真：AP/アフロ

CD Track **02**

Kamala Harris:
Nomination Acceptance Speech

■生き方に大きな影響を与えた母の存在

That I am here tonight is a testament to the dedication of generations before me, women and men who believed so fiercely in the promise of equality, liberty and justice for all. This week marks the 100th anniversary of the passage of the 19th Amendment, and we celebrate the women who fought for that right.

And there's another woman, whose name isn't known, whose story isn't shared; another woman whose shoulders I stand on. And that's my mother, Shyamala Gopalan-Harris. She came here from India at age 19 to pursue her dream of curing cancer. At the University of California, Berkeley, she met my father, Donald Harris, who had come from Jamaica to study economics.

nomination acceptance speech:
指名受諾演説
testament to:
～の証し、証拠
dedication:
献身、熱心さ
generation:
世代

fiercely:
激しく、猛烈に
promise:
約束、誓約
equality:
平等
liberty:
(束縛からの)解放、自由
justice:
正義、公正

mark:
～を記念する、祝賀する
anniversary:
記念日、～周年
passage:
(法案などの)議会通過、成立
19th Amendment:
《米》憲法修正第19条　▶合衆国憲法において女性の参政権を正式に認めた条項。1920年成立。

カマラ・ハリス「指名受諾演説」

私が今夜ここにいるのは、すべての人に平等、自由、正義をもたらすという約束を熱心に信じてきた、私の前の何世代もの女性たち、男性たちの献身の証しです。今週は、憲法修正第19条が成立してから100年を迎え、私たちはその権利のために戦った女性たちをたたえます。

そして、名前が知られていない、物語も共有されていない、私の手本となるもうひとりの女性がいます。それは私の母、シャマラ・ゴパラン・ハリスです。彼女はがんを治すという夢を追って19歳のときにインドからアメリカに来ました。カリフォルニア大学バークレー校で、経済学を学ぶためにジャマイカから来た私の父、ドナルド・ハリスに会いました。

celebrate:
～を祝う、称賛する
fight for:
～のために戦う
share:
～を共有する、伝える
stand on someone's shoulders:
～の功績に多くを負っている、～のおかげで今がある

Shyamala Gopalan-Harris:
シャマラ・ゴパラン・ハリス　▶インド南部のマドラス（現在のチェンナイ）出身。デリー大学を卒業後、渡米してカリフォルニア大学（UC）バークレー校で学び、乳がんの研究者となる。ドナルド・ハリス氏と離婚後、年子の姉妹であるカマラさんとマヤさんをシングルマザーとして育てたが、2009年に死去。

pursue one's dream:
夢を追う、夢を追い求める
cure:
～を治す、治療する
Donald Harris:
ドナルド・ハリス　▶ジャマイカ出身。ロンドン大学卒業後、1961年に渡米し、UCバークレーへ。後にスタンフォード大学で経済学教授となる。

CD Track 03

Kamala Harris:
Nomination Acceptance Speech

■自分自身の向こうにある世界を見ることの大切さ

They fell in love in that most American way: while marching together for justice in the civil-rights movement of the 1960s. In the streets of Oakland and Berkeley, I got a stroller's-eye view of people getting into what the great John Lewis called "good trouble."

My mother instilled in my sister, Maya, and me the values that would chart the course of our lives. And even as she taught us to keep our family at the center of our world, she also pushed us to see a world beyond ourselves. She taught us to be conscious and compassionate about the struggles of all people; to believe public service is a noble cause and the fight for justice is a shared responsibility.

fall in love:
恋に落ちる
march:
行進する、デモ行進する
civil-rights movement:
公民権運動
stroller:
ベビーカー、折り畳み式の乳母車
...'s-eye view:
…から見た眺め、景色

get into:
〜に足を踏み入れる、参加する
John Lewis:
ジョン・ルイス　▶キング牧師らとともに1960年代の公民権運動で指導的役割を果たす。その後、南部ジョージア州選出の連邦下院議員（民主党）に当選し、1987年から2020年まで連続17期務めた。2020年7月、80歳で病没。

call A B:
AをBと呼ぶ
"good trouble":
「良いトラブル」　▶ルイス氏の言葉に、"Never, ever be afraid to make some noise and get in good trouble, necessary trouble."（和を乱して良いトラブルや必要なトラブルを巻き起こすことを決して怖れてはならない）がある。

カマラ・ハリス
「指名受諾演説」

彼らはいかにもアメリカ的な形で恋に落ちました。1960年代の公民権運動で正義のために一緒にデモ行進していたときのことです。オークランドとバークレーの通りで、私は人々が、偉大なジョン・ルイスが呼ぶところの「良いトラブル」を巻き起こすのをベビーカーから見ていました。

母は妹のマヤと私に、後に私たちの人生の進路を切り開く価値観を教えてくれました。彼女は自分たちの家族を世界の中心に置いておくように教えてくれましたが、同時に私たち自身の向こうにある世界を見るようにも促してくれました。すべての人々の戦いを意識し、それに対して思いやりを持つように、そして公共サービスは崇高な大義であり、正義のための戦いは共有の責任であると信じることを教えてくれました。

instill A in B:
AをBに教え込む　▶ここでは、Aに当たる部分が長いので、instill in B Aの形になっている。
Maya:
マヤ　▶UCバークレー校を卒業し、スタンフォード大学で法学博士号を取得。2016年の大統領選ではヒラリー・クリントン候補の政策アドバイザーを務めた。

values:
価値観、価値基準
chart a course:
進路を示す、道筋をつける
beyond:
～の向こうに、～を越えて
be conscious about:
～を気にしている､意識している
be compassionate about:
～に思いやりを持つ、同情する

struggle:
奮闘、苦闘
public service:
公務、公共サービス
noble:
気高い、崇高な
cause:
理念、大義
responsibility:
責任、義務

Track **04**

Kamala Harris:
Nomination Acceptance Speech

■「カマラ・ハリスは国民のために」という言葉

That led me to become a lawyer, a district attorney, attorney general and a United States senator. And at every step of the way, I've been guided by the words I spoke from the first time I stood in a courtroom: "Kamala Harris, for the people." I have fought for children, and survivors of sexual assault. I fought against transnational criminal organizations. I took on the biggest banks and helped take down one of the biggest for-profit colleges. I know a predator when I see one.

lead...to do:
…が～するように導く、…が～する結果を招く
lawyer:
弁護士、法律家
district attorney:
地区検事長、地方検事　▶連邦裁判所管轄区の首席検事。

attorney general:
検事総長、司法長官
United States senator:
連邦上院議員
at every step:
あらゆる段階で、各局面で
be guided by:
～に導かられる、案内される

the first time (that)...:
初めて…だったとき
stand in a courtroom:
法廷に立つ
survivor:
生き残った人、苦難を経験した人

カマラ・ハリス「指名受諾演説」

その教えが、私を弁護士、地方検事、検事総長、そしてアメリカの上院議員へと導きました。そして、その道程のあらゆる段階で、私が初めて法廷に立ったとき毎回（自己紹介の決まり文句として）言った「カマラ・ハリスは国民のために」という言葉に導かれてきました。私は子どものために、性暴力を生き抜いてきた人々のために戦ってきました。私は国際犯罪組織と戦いました。私は最大手級の銀行と争い、（不正を働いていた）大手の営利目的の大学の一校を倒すことに貢献しました。私は他人を利用する人間が見抜けるのです。

sexual assault:
性的暴力
transnational:
国境を越えた、多国籍の
criminal organization:
犯罪組織
take on:
～と対戦する、対決する

take down:
～を倒す、やっつける
for-profit:
営利目的の、金儲け主義の
predator:
捕食者、人を食い物にする者

■上の写真
若き日のシャマラ・ゴパラン・ハリスとドナルド・ハリス

CD Track 05

KAMALA HARRIS:
Nomination Acceptance Speech

■課題を目標に変える新しい大統領

Right now, we have a president who turns our tragedies into political weapons. Joe will be a president who turns our challenges into purpose. Joe will bring us together to build an economy that doesn't leave anyone behind, where a good-paying job is the floor, not the ceiling. Joe will bring us together to end this pandemic and make sure that we are prepared for the next one. Joe will bring us together to squarely face and dismantle racial injustice.

We believe that our country, all of us, will stand together for a better future. And we already are. We see it in the doctors, the nurses, the home-healthcare workers and frontline workers who are risking their lives to save people they've never met. We see it in the teachers and truck drivers, the factory workers and farmers, the postal workers and poll workers, all putting their own safety on the line to help us get through this pandemic.

turn A into B:
AをBに変える
tragedy:
悲劇、悲劇的事件
weapon:
武器、兵器
challenge:
難題、課題
purpose:
目的、目標
bring...together:
…をまとめる、団結させる
leave...behind:
…を置き去りにする、見捨てる
good-paying job:
給料のよい仕事、高賃金の仕事
floor:
（価格などの）下限、最低限度
ceiling:
（価格などの）上限、最高限度
pandemic:
世界的流行病、パンデミック
make sure that:
～に確実になるようにする、必ず～になるよう取り計らう
be prepared for:
～に備える、～の準備する
squarely:
正面から、真っ向から

カマラ・ハリス
「指名受諾演説」

現在、私たちの悲劇を政治的な武器にしている大統領がいます。ジョーは私たちの課題を目標に変える大統領になるでしょう。ジョーは私たちを団結させ、誰も置き去りにしない経済を築きます。そこでは、給料の十分な仕事は頂点ではなく、最低ラインです。ジョーは私たちを団結させ、このパンデミックを終わらせ、次のパンデミックに備えられるようにします。ジョーは私たちを団結させ、人種的な不正義と正面から向き合い、それを廃絶します。

私たちの国は、私たち皆が、より良い未来のために団結すると信じています。私たちはすでに団結しています。それは、会ったことのない人々を命懸けで救っている医師や看護師、在宅医療従事者や最前線にいる労働者に見られます。それは教師やトラック運転手、工場労働者や農家、郵便局の職員や投票所の係員たちに見られます。彼らは、私たち全員がこのパンデミックを乗り越えるために自らの安全を危険にさらしているのです。

face:
〜に立ち向かう、ぶつかる
dismantle:
〜を取り除く、なくす
racial injustice:
人種的不公平、人種的不公正
stand together:
共に立ち上がる、団結する
future:
未来、将来

home-healthcare:
在宅医療の、在宅介護の
frontline:
最前線の、現場の
risk one's life to do:
命懸けで〜する、〜するために命を懸ける
postal worker:
郵便局員、郵便配達員

poll worker:
投票所係員
put...on the line to do:
…を懸けて〜する、〜するために…を危険にさらす
safety:
安全、無事
get through:
〜を切り抜ける、乗り切る

CD Track 06

Kamala Harris: Nomination Acceptance Speech

■新たな世代の若者が背中を押してくれる

And I'm so inspired by a new generation. You are pushing us to realize the ideals of our nation, pushing us to live the values we share: decency and fairness, justice and love. You are patriots who remind us that to love our country is to fight for the ideals of our country.

So let's fight with conviction. Let's fight with hope. Let's fight with confidence in ourselves and a commitment to each other, to the America we know is possible, the America we love.

be inspired by:
〜に刺激される、触発される
push...to do:
…が〜するように後押しする、促す

realize:
〜を実現する、現実のものにする
ideal:
理想、究極の目標

decency:
品の良さ、良識
fairness:
公正さ、公平さ
patriot:
愛国者

カマラ・ハリス「指名受諾演説」

そして、私は新たな世代に大変刺激を受けています。あなた方は私たちにこの国の理想を実現するよう、私たちが共有する価値である良識や公正、正義や愛に従った生き方をするよう促しています。あなた方は愛国者であり、私たちの国を愛することは、私たちの国の理想のために戦うことであると思い出させてくれます。

だから確信を持って戦いましょう。希望を持って戦いましょう。自分自身に自信を持ち、お互いに対して強い責任感を持って戦いましょう。私たちが可能だと知っているアメリカ、私たちが愛するアメリカに対しても。

remind...that:
…に～ということを思い出させる
conviction:
確信、信念

confidence in:
～に対する自信、確信
commitment to:
～への深い関与、献身

■上の写真
幼少時代のハリス姉妹。左がカマラ、右が1歳下のマヤ。

CD Track **07**

Kamala Harris: Nomination Acceptance Speech

■子どもや孫たちに伝えられるように

And years from now, this moment will have passed, and our children and our grandchildren will look in our eyes, and they're going to ask us, "Where were you when the stakes were so high? What was it like?" We will tell them not just how we felt; we will tell them what we did.

Thank you, God bless you, and God bless the United States of America.

...from now:
これから…経った後に、今から…後に

moment:
(ある特定の)時点、時期

pass:
通過する、過ぎ去る

grandchild:
孫

カマラ・ハリス「指名受諾演説」

そして、これから何年かが経ち、この瞬間が過ぎ、私たちの子どもや孫たちは私たちの目を見て、こう尋ねるでしょう。「状況がとても危うかったとき、どこにいたの？　どうだったの？」と。彼らに伝えるのです、私たちが感じたことだけでなく、私たちが何をしたのかを。

ありがとう、皆さんに、アメリカ合衆国に恵みがありますように。

（訳　編集部）

look in:	stake:	God bless:
～をのぞき見る、のぞき込む	（ある状況の）危険の度合い	～に神の祝福を、神の恵みがあらんことを

ジョー・バイデン「指名受諾演説」

JOE BIDEN: Nomination Acceptance Speech

有力とされる候補が30人近く乱立した2020年の民主党予備選。
その混戦に勝ち残ったのは、オバマ政権で副大統領を2期務めたジョー・バイデンだった。
新型コロナウイルスや人種差別問題で混迷を極める米国社会に、
中道穏健派とされるこの大ベテラン政治家は、「光」をもたらそうと呼びかけた。

放送日：2020年8月20日（現地時間）
場所：デラウェア州ウィルミントン「チェイスセンター」
本書収録：抜粋して収録　CD収録時間：2分46秒

写真：AP/アフロ

Track 09

Joe Biden:
Nomination Acceptance Speech

■怒り、恐れ、分断ではなく団結を

The current president has cloaked America in darkness for much too long—too much anger, too much fear, too much division.

If you entrust me with the presidency, I will draw on the best of us, not the worst. I'll be an ally of the light, not the darkness. It's time for us—for we, the people—to come together.

One of the most powerful voices we hear in the country today is from our young people. They're speaking to the inequity and injustice that has grown up in America—economic injustice, racial injustice, environmental injustice. I hear their voices. If you listen, you can hear them too.

current:
現在の、今の
cloak A in B:
AをBで覆う、覆い隠す
darkness:
闇、暗闇
anger:
怒り、憤り

fear:
恐れ、恐怖
division:
分裂、分断
entrust A with B:
AにBを委ねる、任せる
presidency:
大統領の任務、地位

draw on:
〜を利用する、駆使する
the worst:
最悪、最悪のこと
ally:
①支持者、味方　②同盟国

ジョー・バイデン「指名受諾演説」

現在の大統領はあまりにも長い間、アメリカに陰りを落としています――あまりにも多くの怒り、あまりにも多くの恐れ、あまりにも多くの分断を招いたのです。

大統領の任務を任せてくれれば、私たちの良いところを発揮させます、悪いところではなく。私は闇ではなく光の味方になります。私たち国民が団結する時が来たのです。

今日、私たちがこの国で聞く最も強力な声のひとつは、若者たちのものです。彼らはアメリカで増大してきた不平等と不正について話しています――経済的不公平、人種的不公平、環境的不公平。私には彼らの声が聞こえます。耳を傾ければ、皆さんにも聞こえるはずです。

we, the people:
われら人民　▶合衆国憲法前文がWe, the people of the United Statesで始まることに由来する慣用句。
come together:
一体となる、団結する
speak to:
～に言及する、～を話題にする
inequity:
不平等、不公平
injustice:
不公平、不公正
grow up:
成長する、大きくなる
economic:
経済の、経済上の
racial:
人種の、人種に関した
environmental:
環境の、環境に関した

Track 10

Joe Biden:
Nomination Acceptance Speech

■人種差別の汚点を一掃する世代に

I'll be a president who will stand with our allies and friends and make it clear to our adversaries the days of cozying up to dictators is over. And I'll always stand for our values of human rights and dignity. And I'll work in common purpose for a more secure, peaceful and prosperous world.

History has thrust one more urgent task on us. Will we be the generation that finally wipes out the stain of racism from our national character? I believe we're up to it.

I met with 6-year-old Gianna Floyd the day before her daddy, George Floyd, was laid to rest. She looked into my eyes, and she said, and I quote, "Daddy changed the world." Her words burrowed deep into my heart.

stand with:
〜を支持する、〜の味方になる
make it clear to... (that):
〜であるということを…に対して明確に示す
adversary:
敵、敵対国
cozy up to:
〜と親しくなろうとする、〜に擦り寄る
dictator:
独裁者、専制君主
stand for:
〜を支持する、〜に賛成する
human rights:
人権
dignity:
威厳、尊厳
secure:
不安のない、安全な
prosperous:
豊かな、繁栄した
thrust A on B:
AをBに押しつける、突きつける
urgent task:
緊急課題、緊急任務
wipe out:
〜を消し去る、一掃する
stain:
汚点、染み

ジョー・バイデン「指名受諾演説」

同盟国や友人たちと共に立ち、独裁者たちに擦り寄る日々は終わったと敵対国に明確に表明する大統領になります。そして、私は常に人権と尊厳という私たちの価値観を支持します。そして、私はより安全でより平和でより繁栄した世界という共通の目的のために働きます。

歴史は私たちにもうひとつの緊急の課題を突きつけました。私たちは、人種差別の汚点を国民性からついに完全に一掃する世代になるでしょうか。私たちにはそれができると私は信じています。

私は6歳のジアーナ・フロイドちゃんに、お父さんのジョージ・フロイドさんが埋葬される前の日に会いました。彼女は私の目をのぞき込んで言いました。「パパは世界を変えた」と。その言葉は私の心の奥に突き刺さりました。

racism:
人種差別、人種差別主義
national character:
国民性
be up to:
〜を遂行することができる、やり遂げられる
daddy:
お父さん、パパ

George Floyd:
ジョージ・フロイド　▶2020年5月25日、ミネソタ州ミネアポリス近郊で、彼を逮捕しようとした白人警官に8分46秒にわたって首を膝で押さえつけられた後に死亡したアフリカ系米国人。人種差別に対する抗議運動の象徴的な人物となっている。

be laid to rest:
埋葬される、
quote:
引用する、引用を始める
burrow into one's heart:
胸に刺さる、心に染みる

Track 11

Joe Biden: Nomination Acceptance Speech

■愛と希望と光が、アメリカの闇の章を終わらせる

In times as challenging as these, I believe there's only one way forward: as a united America; united in our pursuit of a more perfect Union; united in our dreams of a better future for us and for our children. There's never been anything we've been unable to accomplish when we've done it together.

With passion and purpose, let us begin, you and I together, one nation under God, united in our love for America, united in our love for each other. For love is more powerful than hate, hope is more powerful than fear, and light is more powerful than dark. May history be able to say that the end of this chapter of American darkness began here tonight as love and hope and light joined in the battle for the soul of the nation.

And this is a battle we will win, and we'll do it together, I promise you.

challenging:
困難な、厳しい
united:
一致した、団結した
in one's pursuit of:
〜を追求して、追い求めて

Union:
連合国家、合衆国
future:
未来、将来
be unable to do:
〜することができない

accomplish:
〜を成し遂げる、達成する
passion:
情熱、熱意
hate:
憎悪、憎しみ

ジョー・バイデン「指名受諾演説」

今のような困難な時代に、私は前進する方法は1つしかないと思います。一致団結したアメリカとして進むのです。より完璧な連合を目指して団結したアメリカ。私たちと私たちの子どもたちのために、より良い未来を夢見て団結したアメリカです。協力してやり遂げられなかったことなど何もありません。

情熱と決意をもって始めましょう。あなたと私が一緒に、神の下に1つの国が、アメリカへの愛で結ばれ、お互いへの愛で結ばれて。なぜなら愛は憎しみよりも強く、希望は恐怖よりも強く、光は闇よりも強いのです。歴史が語れるようにしましょう、愛と希望と光が、国の魂のための戦いに加わり、アメリカの闇のこの章の終わりが今夜ここから始まったと。

そして、この戦いは私たちが勝利し、その勝利を共に成し遂げるのです。約束します。

（訳　編集部）

fear:
恐れ、恐怖
May...do:
…が～しますように、…が～するようになりますように

chapter:
章、（歴史などの）区切りとなる期間
join in:
～に加わる、参加する

battle:
戦争、戦い
soul:
魂、本質
promise:
～に対して約束する、誓う

カマラ・ハリス「勝利宣言」

Kamala Harris: Victory Speech

過去100年で最高の66.4%という投票率と1億5,883万という史上最高の投票数が、かつてないほどの熱狂と混乱を端的に示すこととなった今回の大統領選。
勝敗の行方は混とんとしたが、投票日から4日後、メディアはバイデン当確を一斉に報じた。
これを受けた勝利宣言の場に、女性初・黒人初・アジア系初の副大統領となるハリスは、100年前の女性参政権運動を象徴する白い服をまとって姿を現した。

放送日：2020年11月7日（現地時間）
場所：デラウェア州ウィルミントン「チェイスセンター」
本書収録：全文収録　CD収録時間：10分31秒

写真：Getty Images

Track 13

Kamala Harris:
Victory Speech

■民主主義を守るには、戦いと犠牲が必要

Thank you. Good evening. So, Congressman John Lewis... Congressman John Lewis, before his passing, wrote: "Democracy is not a state. It is an act." And what he meant was that America's democracy is not guaranteed. It is only as strong as our willingness to fight for it, to guard it and never take it for granted. And protecting our democracy takes struggle, it takes sacrifice, but there is joy in it, and there is progress, because we, the people, have the power to build a better future.

victory speech:
勝利演説、勝利宣言
congressman:
連邦議会議員、(特に)下院議員
John Lewis:
ジョン・ルイス ▶p.12の語注を参照。
passing:
死、死去
democracy:
民主主義、民主制
state:
状態、様子
act:
行為、行動
mean:
〜という意味で言う、〜のつもりで言う
guaranteed:
保証された、保証付きの
willingness:
意欲、意思
fight for:
〜のために争う、闘う
guard:
〜を守る、保護する

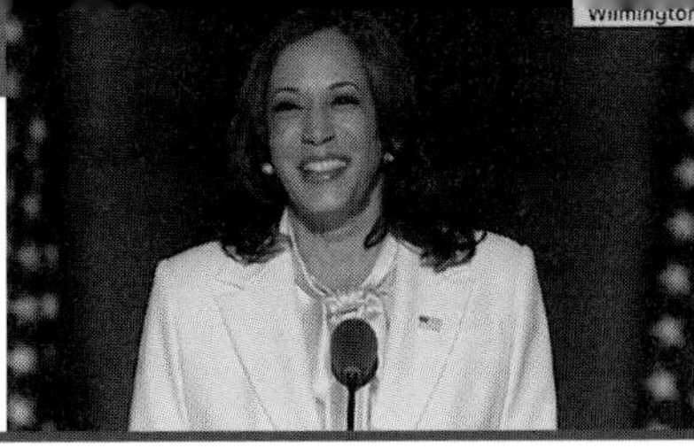

カマラ・ハリス「勝利宣言」

ありがとうございます。こんばんは。さて、ジョン・ルイス議員は……ジョン・ルイス議員は、亡くなる前にこう書きました。「民主主義とは状態ではない。それは行為である」と。そして、彼が言わんとしたのは、アメリカの民主主義は保障されているものではないということです。民主主義は、それを求めて戦うわれわれの意思の強さや、それを守り、それを当然のこととは決して見なさないわれわれの意思の強さと、同等の強さでしかありえないのです。そして、民主主義を守るのには大きな努力が必要ですし、それには犠牲が伴います。しかし、そこには喜びがあり、進歩があります。なぜなら、われら人民にはより良い未来を築く力があるからです。

take...for granted:
…を当然と見なす、当たり前のことと考える
protect:
～を保護する、守る
take:
～を要する、必要とする

struggle:
苦闘、闘争
sacrifice:
犠牲
joy:
喜び、歓喜
progress:
進歩、向上

we, the people:
われら人民　▶合衆国憲法前文がWe, the peopleで始まることに由来する慣用句。
future:
未来、将来

CD Track 14

Kamala Harris: Victory Speech

■あなた方が米国の新たな日をもたらした

And when our very democracy was on the ballot in this election, with the very soul of America at stake and the world watching, you ushered in a new day for America.

To our campaign staff and volunteers, this extraordinary team: Thank you for bringing more people than ever before into the democratic process and for making this victory possible.

To the poll workers and election officials across our country who have worked tirelessly to make sure every vote is counted: Our nation owes you a debt of gratitude. You have protected the integrity of our democracy.

be on the ballot:
投票にかけられる
election:
選挙
soul:
魂、本質
at stake:
賭けられて、取るか取られるかとなって

usher in:
～を先導する、迎え入れる
campaign staff:
選挙陣営のスタッフ、選挙運動員
volunteer:
ボランティア
extraordinary:
並外れた、素晴らしい

bring A into B:
AをBに連れてくる、もたらす
than ever before:
かつてないほど、従来にも増して
democratic:
民主主義の、民主的な
process:
過程、プロセス

カマラ・ハリス
「勝利宣言」

そして、まさにわれわれの民主主義が今回の選挙で投票にかけられたのだとしたら、そこにはまさにアメリカの魂がかかっていたのであり、世界が見守る中、皆さんがアメリカの新しい日をもたらしたのです。

選挙運動のスタッフの皆さん、ボランティアの皆さん、この素晴らしいチームの皆さんへ。かつてないほど多くの人たちを民主主義のプロセスに導いてくれたことに、そしてこの勝利を実現させてくれたことに感謝します。

すべての票が確実に数えられるようにと休むことなく働いてこられた、全米の投票所係員や選挙管理人の皆さんへ。国民全体が皆さんに深く感謝しています。あなた方がわれわれの民主主義の品位を守ってくださったのです。

make...possible:
…を可能にする
poll worker:
投票所係員
election official:
選挙管理人
across (the) country:
国中で、全国で
tirelessly:
休むことなく、辛抱強く
make sure (that) :
～であることを確認する、確実に～であるようにする
vote:
票、投票
count:
～を数える、数に入れる
owe...a debt of gratitude:
～に感謝すべき恩義がある、～に深く感謝している
integrity:
高潔さ、品位

CD Track 15

Kamala Harris:
Victory Speech

■投票者は明確なメッセージを送り、真実を選んだ

And to the American people, who make up our beautiful country: Thank you for turning out in record numbers to make your voices heard.

And I know times have been challenging, especially the last several months—the grief, sorrow and pain, the worries and the struggles. But we have also witnessed your courage, your resilience and the generosity of your spirit. For four years, you marched and organized for equality and justice, for our lives and for our planet.

And then, you voted. And you delivered a clear message. You chose hope and unity, decency, science and, yes, truth.

make up:
〜を作り上げる、構成する
turn out:
(催しなどに) 足を運ぶ、繰り出す
in record numbers:
記録的な数で
make one's voice heard:
自分の声を届ける、意見を聞いてもらう

challenging:
困難な、厳しい
especially:
特に、とりわけ
grief:
嘆き、苦悩
sorrow:
悲しみ、悲哀

pain:
痛み、苦痛
worry:
不安、心配
witness:
〜を目撃する、目の当たりにする
courage:
勇気、勇敢さ

カマラ・ハリス「勝利宣言」

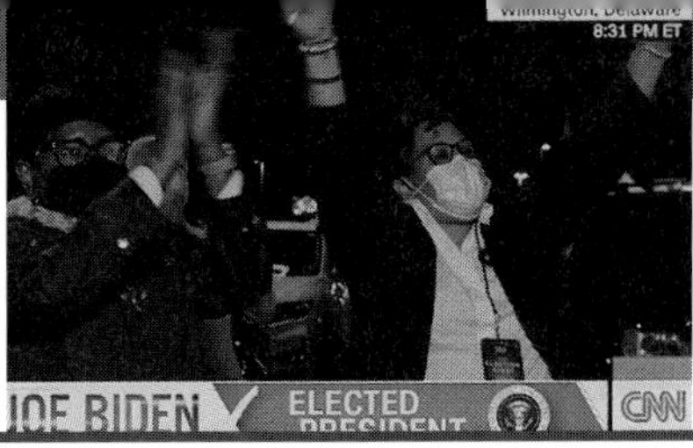

そして、アメリカ国民の皆さん、すなわちこの素晴らしい国を構成している皆さんへ。記録的な数の人たちが自分の声を届けるために足を運んでくださったことに感謝します。

そして、確かに困難な時もあったと思います。特に最後の数カ月です——嘆きや悲しみや苦痛、不安、そして苦闘がありました。ですが、われわれは皆さんの勇気、くじけない心、寛大な精神も目の当たりにしてきました。4年の間、皆さんは平等と正義のために、われわれの命のために、そして地球のために、デモをしたり集会を開いたりしてきました。

それから投票に至ったのです。そして、皆さんのメッセージははっきりと届きました。皆さんが選んだのは希望と融和、良識と科学、そしてそう、真実でした。

resilience:
回復力、立ち直る力
generosity:
寛容さ、寛大さ
spirit:
魂、精神
march:
行進する、デモ行進する
organize:
集まりを持つ、団結する
equality:
平等、公平
justice:
正義、公正
our planet:
地球
vote:
投票する
deliver a message:
メッセージを送る、伝える
unity:
統合、結束
decency:
品の良さ、良識

CD Track 16

Kamala Harris: Victory Speech

■ジョーは喪失の経験から生きる目的を取り戻す

You chose Joe Biden as the next president of the United States of America. And Joe is a healer, a uniter, a tested and steady hand; a person whose own experience of loss gives him a sense of purpose that will help us as a nation reclaim our own sense of purpose; and a man with a big heart who loves with abandon. It's his love for Jill, who will be an incredible first lady. It's his love for Hunter and Ashley and his grandchildren and the entire Biden family.

And while I first knew Joe as vice president, I really got to know him as the father who loved Beau, my dear friend, who we remember here today.

healer:
癒す人、治す人

uniter:
一体化させる人、まとめ役

tested:
試し済みの、試練を経た

steady hand:
しっかりしている人、統率力のある人

own experience of loss:
自らの喪失体験　▶バイデン氏は、1972年に最初の妻と乳児の娘を自動車事故で亡くした上、2015年には政治家としての後継者と目されていた長男ボーを脳腫瘍で失っている。

sense of purpose:
目的意識

reclaim:
〜を取り戻す、回収する

with abandon:
気ままに、思うがままに

カマラ・ハリス
「勝利宣言」

皆さんはアメリカ合衆国の次期大統領にジョー・バイデンを選びました。そして、ジョーは癒(いや)し手であり、まとめ役であり、試練を乗り越えてきた頼りになる人物です。自らの喪失体験から、われわれが国民として自分たちの目的意識を取り戻せるように手助けしようという目的意識を得た人物です。そして、愛情あふれる大きな心を持った男性です。彼が愛する人はジルですが、彼女は素晴らしいファーストレディーになるでしょう。彼の愛情はハンターとアシュリーにも、孫たちにも、そしてバイデン家全体にも注がれています。

そして、私が初めてジョーを知ったのは副大統領としてでしたが、本当に彼を知るようになったのは私の親しい友人だったボーを愛する父としてでした。ボーのことは、今日この場でも思い出されます。

Jill:
ジル　▶ジョー・バイデンの妻。デラウェア大学で教育学博士号を取得し、コミュニティカレッジなどで教鞭を執っている。夫の就任後も教師を続けると語っており、博士号を持つという点でも仕事を持つという点でも史上初のファーストレディとなる。

incredible:
信じられないほど素晴らしい

Hunter:
ハンター　▶バイデン氏の次男で前妻の子。

Ashley:
アシュリー　▶ジョーとジルとの間にできた唯一の娘。

grandchild:
孫

entire:
全体の、全部の

vice president:
副大統領

Beau:
ボー　▶生前、ボー・バイデンはデラウェア州司法長官を務めた縁でカリフォルニア州司法長官だったハリスと親しかった。

Track 17

Kamala Harris:
Victory Speech

■かつて母は、この瞬間を想像できなかっただろう

And to my husband, Doug, and our children, Cole and Ella, and my sister Maya and our whole family: I love y'all more than I can ever express.

We are so grateful to Joe and Jill for welcoming our family into theirs on this incredible journey.

And to the woman most responsible for my presence here today: my mother, Shyamala Gopalan Harris, who is always in our hearts. When she came here from India at the age of 19, she maybe didn't quite imagine this moment. But she believed so deeply in an America where a moment like this is possible.

Doug:
ダグ　▶ダグラス・エムホフ（Douglas Emhoff）は世界最大級の法律事務所のパートナー（共同経営者）弁護士。副大統領の妻はセカンドレディーと呼ばれるが、女性のハリスが就任すると夫はセカンドジェントルマンもしくはセカンドハズバンドと呼ばれる見通し。

Cole and Ella:
コールとエラ　▶エムホフ氏と前妻の間に生まれた兄妹。継母のカマラを「ママラ」と呼ぶほど、家族仲がとてもよいと言われている。

Maya:
マヤ　▶p.13の語注参照。

y'all:
＝you all　あなたたち全員

express:
〜を言い表す、表現する

カマラ・ハリス「勝利宣言」

そして、私の夫のダグ、子どものコールとエラ、妹のマヤをはじめとした家族全員へ。みんなのことは言葉にできないほど愛してます。

私たちは、ジョーとジルがこの素晴らしい旅路において私たち一家を彼らの家族に迎え入れてくれたことに、とても感謝しています。

そして、私が今日ここにいることに最も大きな貢献をしてくれた女性に。母、シャマラ・ゴパラン・ハリスは、いつも私の心の中にいます。母が19歳でインドからこの国に来たとき、恐らく、こんな時が来るとはまったく想像しなかったでしょう。しかし、彼女が深く信じていたアメリカでは、こんな瞬間がありうるのです。

be grateful to...for doing:
〜してもらって…に感謝している、…が〜してくれたことに感謝する

welcome A into B:
AをBに迎え入れる、歓迎する

(be) responsible for:
〜の原因となる、〜の貢献者である

presence:
存在すること、存在

Shyamala Gopalan Harris:
シャマラ・ゴパラン・ハリス
▶p.11の語注参照。

imagine:
〜を想像する、思い描く

believe in:
〜の正当性を信じる、信頼する

Track **18**

KAMALA HARRIS:
Victory Speech

■道を開いた何世代もの女性たち

And so, I am thinking about her and about the generations of women—black women, Asian, white, Latina, Native American women—who, throughout our nation's history, have paved the way for this moment tonight; women who fought and sacrificed so much for equality and liberty and justice for all; including the black women who are often—too often—overlooked but so often prove that they are the backbone of our democracy; all the women who have worked to secure and protect the right to vote for over a century; 100 years ago with the 19th Amendment, 55 years ago with the Voting Rights Act, and now, in 2020, with a new generation of women in our country who cast their ballots and continued the fight for their fundamental right to vote and be heard.

Latina:
ラテン系女性の
Native American:
アメリカ先住民の、ネイティブアメリカンの
throughout:
〜を通してずっと、〜全体にわたって

pave the way for:
〜のための地ならしをする、〜の道を開く
sacrifice:
〜を犠牲にする、ささげる
including:
〜を含めて、〜などの
overlook:
〜を見落とす、見過ごす

prove that:
〜であるということを証明する
backbone:
背骨、支えとなる柱
secure:
〜を確保する、確実に手に入れる

カマラ・ハリス「勝利宣言」

それで、私は考えてしまっています、母のことや、いろんな世代の女性たち――黒人女性、アジア系、白人、ラテン系、ネイティブアメリカンの女性たち――のことを。彼女たちが、わが国の歴史全体にわたって、今夜のこの瞬間に至る道を切り開いてきたのです。すべての人の平等と自由と正義のために多大な犠牲を払って戦った女性たち。たとえば黒人女性たちは、しばしば――あまりにもしばしば――見過ごされていますが、自分たちがこの国の民主主義のバックボーンであることを幾度となく証明しています。そうした女性たちみんなが、参政権をしっかり守ろうと1世紀にわたって努力してきたのです。100年前には憲法修正第19条、55年前には投票権法、そして今、2020年にはわが国の新しい世代の女性たちが票を投じ、投票で自らの声を届けるという基本的権利のための戦いを続けています。

century:
1世紀、100年
19th Amendment:
《米》憲法修正第19条　▶合衆国憲法において女性の参政権を正式に認めた条項。1920年成立。
the Voting Rights Act:
投票権法　▶公民権運動を受けて1965年に制定された、投票における人種差別をなくすための法律。
cast one's ballot:
投票する
continue:
～を続ける、継続する
fundamental right:
基本的権利

CD Track 19

Kamala Harris:
Victory Speech

■最初の女性副大統領ではあっても、最後ではない

Tonight, I reflect on their struggle, their determination and the strength of their vision to see what can be unburdened by what has been. And I stand on their shoulders.

And what a testament it is to Joe's character that he had the audacity to break one of the most substantial barriers that exists in our country and select a woman as his vice president.

But while I may be the first woman in this office, I will not be the last, because every little girl watching tonight sees that this is a country of possibilities.

And to the children of our country: regardless of your gender, our country has sent you a clear message: Dream with ambition, lead with conviction and see yourselves in a way that others may not simply because they've never seen it before, but know that we will applaud you every step of the way.

reflect on:
～について熟考する、よく考える
determination:
決断、決意
strength:
力、強さ
vision:
先見の明、洞察力

be unburdened by:
～という重荷を負っていない、～から解放される
stand on someone's shoulders:
～の功績に多くを負っている、～のおかげで今がある

testament to:
～の証し、証拠
character:
人格、人柄
audacity:
大胆さ、剛勇
break a...barrier:
…な障壁を突き破る、取り除く

カマラ・ハリス「勝利宣言」

今夜、私は、彼女たちの多大な努力や決意の固さ、そして従来の状態から何が解放されうるかを判断する先見の明という強さに思いを寄せています。そして、今の私があるのは彼女たちのおかげなのです。

そして、これはまさにジョーの人柄の証明なのですが、わが国に存在する最も強固な壁のひとつを破って女性を副大統領に選ぶという大胆さが彼にはあります。

ただし、私がこの公職に就く最初の女性かもしれませんが、最後ではありません。なぜなら、今夜これを見ている少女たちみんなが、この国は可能性の国だということを理解するからです。

そして、この国の子どもたちへ。ジェンダーに関係なく、この国は明確なメッセージを皆さんに送りました。大志を抱いて夢見てください。自信を持って先陣を切り、単に前例がないからという理由で他の人がやらないような道にも進んでみてください。けれど、皆さんの一歩一歩に私たちが拍手を送っていることは知っておいてください。

substantial:
強固な、頑丈な
exist:
存在する、存続する
select A as B:
BとしてAを選ぶ、選択する
office:
（責任ある）官職、公職
possibility:
可能性
regardless of:
～にかかわらず、～に関係なく
gender:
（社会的・文化的な）性、ジェンダー
ambition:
野心、大志
conviction:
信念、確信
simply:
単に、ただ
applaud:
～に拍手を送る、～を称賛する
every step of the way:
あらゆる局面で、どんな時にも

KAMALA HARRIS:
Victory Speech

■本当の仕事はこれから始まる

And to the American people: No matter who you voted for, I will strive to be a vice president like Joe was to President Obama—loyal, honest and prepared, waking up every day thinking of you and your family.

Because now is when the real work begins—the hard work, the necessary work, the good work, the essential work, to save lives and beat this epidemic; to rebuild our economy so it works for working people; to root out systemic racism in our justice system and society; to combat the climate crisis; to unite our country and heal the soul of our nation.

And the road ahead will not be easy. But America is ready, and so are Joe and I.

no matter who:
たとえ誰でも、誰であるかに関係なく
strive to be:
〜であろうと努力する、頑張る
loyal:
忠実な、忠誠心ある
honest:
正直な、誠実な
prepared:
用意周到な、準備万端の
essential:
必要不可欠な、極めて重要な
beat:
〜を打ち負かす、やっつける
epidemic:
流行病、伝染病
rebuild:
〜を再建する、立て直す

カマラ・ハリス
「勝利宣言」

そして、アメリカ国民の皆さんへ。皆さんが誰に投票したかには関係なく、私はオバマ大統領に対するジョーのような副大統領になれるよう励むつもりです――忠実で、正直で、用意周到で、毎朝目覚めるときには皆さんとご家族のことを考えます。

なぜなら、今こそ本当の仕事が始まる時だからです――きつい仕事、必要な仕事、良い仕事、必要不可欠な仕事が、命を救ってこの伝染病を打ち負かし、経済を立て直して労働者を益するようにし、わが国の司法制度や社会から構造的人種差別を一掃し、気候危機と戦い、国をまとめて国家の魂を癒すようになります。

そして、この先の道のりは易しいものではありません。しかし、アメリカには準備ができていますし、ジョーと私もできています。

work for:
～の役に立つ、～に有用である
root out:
～を根絶する、一掃する

systemic racism:
構造的人種差別、体系的人種差別　▶差別によって人種による収入、学歴などの格差が生じた後、その状態が続くと、格差に基づく偏見などが社会に根づいて差別を再生産する結果になるような構造。

justice system:
司法制度
combat:
～と闘う
climate crisis:
気候危機
heal:
～を癒す、治す

Track 21

Kamala Harris: Victory Speech

■すべての米国人のための大統領

We have elected a president who represents the best in us; a leader the world will respect and our children will look up to; a commander in chief who'll respect our troops and keep our country safe; and a president for all Americans.

And it is now my great honor to introduce the president-elect of the United States of America, Joe Biden.

elect:
～を選ぶ、選出する
represent:
～を代表する、象徴する

respect:
～を尊敬する、～に敬意を表する
look up to:
～を仰ぎ見る、尊敬する

commander in chief:
最高司令官
troops:
軍隊、部隊

カマラ・ハリス「勝利宣言」

われわれは国民の最良の部分を表す大統領を選びました。世界が尊敬し、わが国の子どもたちが仰ぎ見る指導者です。軍を尊重し、国家の安全を守る総司令官です。そして、全アメリカ人のための大統領です。

そして、光栄にも私がこれから紹介させていただくのは、アメリカ合衆国次期大統領、ジョー・バイデンです。

（訳　編集部）

honor: 光栄、名誉	**introduce:** 〜を紹介する	**president-elect:** 大統領に選ばれた、次期大統領の

ジョー・バイデン「勝利宣言」

JOE BIDEN: Victory Speech

ハリスに紹介されて小走りで演壇に向かったバイデンは、息を切らすことなく語り出した。
そこには、トランプからSleepy Joe（寝ぼけたジョー）とからかわれた姿はもはやなく、
80歳近い年齢を感じさせない張りのある声で、
第46代大統領として取り組む難題の解決のために、国民の結束を強く呼びかけた。

放送日：2020年11月7日（現地時間）
場所：デラウェア州ウィルミントン「チェイスセンター」
本書収録：全文収録　CD収録時間：15分5秒

写真：代表撮影／ロイター／アフロ

CD Track 23

Joe Biden:
Victory Speech

■仲間や同僚、家族たち

Hello, my fellow Americans and the people who brought me to the dance, Delawareans. I see my buddy Tom…Senator Tom Carper down there, and I think…I think S…Senator Coons is there, and I think the governor's around. Is that Ruth Ann? And former governor Ruth Ann Minner. Most importantly, my sisters-in-law and my sister, Valerie. Anyway.

fellow:
仲間の、同胞の
bring A to B:
AをBに連れてくる
Delawarean:
デラウェア州の住民
buddy:
相棒、親友

senator:
上院議員
Tom Carper:
トム・カーパー　▶デラウェア州選出の民主党上院議員。元デラウェア州知事で、知事時代に姉妹県である宮城県を訪れている。

down there:
あちらに、あそこの所に
Coons:
クーンズ　▶デラウェア州選出のクリス・クーンズ上院議員（民主党）はバイデン政権の国務長官候補に挙げられている。

ジョー・バイデン「勝利宣言」

こんにちは、同胞たるアメリカ国民の皆さん、そして私をダンスに連れてきてくださったデラウェアっ子の皆さん。親友のトムが……トム・カーパー上院議員があちらの方に見えますね。そして、どうやら……どうやら……クーン上院議員がそこにいます。知事はこの辺にいると思います。あれはルース・アンでしょうか。元知事のルース・アン・ミナーですね。最も大切なのは、義理の姉妹と妹のバレリーです。ともかく。

governor:
州知事
around:
近くに、この辺に
former:
前の、元の

Ruth Ann Minner:
ルース・アン・ミナー　▶2001年から2期、デラウェア州知事を務めた。
importantly:
重要なことには、重大なのは
sister-in-law:
義理の姉（または妹）

Valerie:
バレリー　▶実妹バレリー・バイデン・オーエンスはバイデン氏の最側近と言われている。
anyway:
とにかく、何だかんだ言っても

CD Track 24

Joe Biden:
Victory Speech

■史上最多の7400万票を獲得

Folks, the people of this nation have spoken. They've delivered us a clear victory, a convincing victory, a victory for we, the people. We've won with the most votes ever cast for a presidential ticket in the history of the nation: 74 million.

And while I must admit it surprised me, tonight, we're seeing all over this nation, all cities and all parts of the country, indeed across the world, an outpouring of joy, of hope, renewed faith in tomorrow to bring a better day. And I'm humbled by the trust and confidence you've placed in me.

folks:
《呼び掛け》皆さん
deliver A for B:
AをBに届ける、もたらす
convincing:
説得力のある、明白な

we, the people:
われら人民　▶合衆国憲法前文がWe, the peopleで始まることに由来する慣用句。
cast a vote:
1票を投じる、投票する

presidential ticket:
大統領選の候補者リスト
admit (that):
～を事実であると認める
surprise:
～を驚かす、びっくりさせる

ジョー・バイデン「勝利宣言」

皆さん、この国の人々が声を上げました。彼らは、われわれに明確な勝利、文句なしの勝利、「われら国民」にとっての勝利をもたらしました。われわれは、大統領候補としては国の歴史上最多となる得票数で勝ちました。7400万票です。

そして、私も驚いたと言わざるをえないのですが、今夜われわれが目にしているのは、この国の全土で、全都市で、国中全部で、実に世界中で、歓喜と、希望と、明日はより良い日になるという新たな信頼とがあふれ出している光景です。そして、皆さんが私に信頼と信用を置いてくださったことに、身が引き締まる思いです。

indeed:
本当に、実際に
across the world:
世界中で
outpouring:
あふれ出すこと、噴出

renewed:
更新された、新たな
faith in:
～への信頼、信用
be humbled by:
～に対して謙虚になる、～に恐縮する

trust:
信頼
confidence:
信頼、信用
place A in B:
AをBに入れる、Bの中に置く

CD Track **25**

Joe Biden:
Victory Speech

■赤い州や青い州ではなく、ただ米国だけ

I pledge to be a president who seeks not to divide but unify, wh...who doesn't see red states and blue states, only sees the United States. I'll work with all my heart, with the confidence of the whole people, to win the confidence of all of you, and for that is what America, I believe, is about. It's about people. And that's what our administration will be all about. I sought this office to restore the soul of America, to rebuild the backbone of this nation—the middle class—and to make America respected around the world again and to unite us here at home.

It's the honor of my lifetime that so many millions of Americans have voted for that vision. And now, the work of making that vision is real. It's a task...the task of our time.

pledge to be:
～であることを約束する、誓う
seek to do:
～しようと努める、努力する
divide:
～を分断する、分裂させる
unify:
～を一体化する、統合する

red state:
赤い州　▶共和党が多数派の州を指す。党のシンボルカラーに由来する。
blue state:
青い州　▶民主党が多数派の州を指す。

with all my heart:
誠心誠意、一心に
administration:
政権
office:
（責任ある）官職、公職

ジョー・バイデン
「勝利宣言」

私は、分断ではなく統合を求める大統領になることを、そして赤い州と青い州と見るのではなく単にアメリカ合衆国と見る大統領になることを誓います。国民全体の信任の下、皆さん全員の信頼を勝ち取るために、そしてこれこそがアメリカだと私が信じるもののために、私は一心不乱に働きます。それは国民のためです。そして、われわれの政権はひたすらそれを目指します。私がこの職に就こうとしたのは、アメリカの魂を取り戻すため、この国のバックボーン――中間層――を立て直すため、そしてアメリカがもう一度世界中で尊敬されるようにするため、さらにはこの米国でわれわれを統合するためでした。

その構想に何千万ものアメリカ人が投票してくれたことは、生涯の光栄です。そして今、その構想を実現するという仕事があります。それが課題……現時点での課題です。

restore:
～を回復させる、修復する
soul:
魂、本質
rebuild:
～を再建する、立て直す
backbone:
背骨、支えとなる柱
middle class:
中間層、ミドルクラス
respect:
～を尊敬する、～に敬意を表する
unite:
～をまとめる、団結させる
honor:
光栄、名誉
lifetime:
一生涯
vision:
展望、構想
task:
任務、課題

CD Track **26**

Joe Biden:
Victory Speech

■妻のジルは素晴らしいファーストレディーに

Folks, as I said many times before, I'm Jill's husband, and I would not be here without the love and tireless support of Jill and my son Hunter and Ashley, my daughter, and all our grandchildren and their spouses and all our family. They're my heart.

Jill's a mom, a military mom, an educator. She has dedicated her life to education. But teaching isn't just what she does; it's who she is. For American educators—this is a great day for y'all. You're going to have one of your own in the White House. And Jill's going to make a great first lady. I'm so proud of her.

Jill:
ジル ▶p.39の語注参照。
tireless:
休むことのない、不断の

Hunter:
ハンター ▶p.39の語注参照。
Ashley:
アシュリー ▶p.39の語注参照。

grandchild:
孫
spouse:
配偶者

ジョー・バイデン
「勝利宣言」

皆さん、以前から何度も申し上げているように、私はジルの夫です。そして、ジルと息子のハンターや娘のアシュリー、それに孫たちみんなやその配偶者といった家族全員の愛とたゆまぬ支援がなければ、私はここにいなかったでしょう。彼らは私の心です。

ジルは母、それも躾(しつけ)の厳しい母であり、教育者です。彼女は人生を教育に捧げてきました。しかし、教育は彼女にとって単なる職業ではありません。それは彼女そのものなのです。アメリカの教育者の皆さんに――今日は皆さん全体にとって素晴らしい日です。皆さんの一員がホワイトハウスにいることになるのです。それに、ジルは素晴らしいファーストレディーになるでしょう。私は彼女をとても誇りに思っています。

military:
軍人の、軍人のように規律に厳しい

educator:
教育者、教師

dedicate A to B:
AをBにささげる、献身する

first lady:
ファーストレディー、大統領夫人

be proud of:
〜を誇りに思う、自慢に思う

CD Track 27

Joe Biden:
Victory Speech

■初の女性副大統領、カマラ・ハリス

And I'll have the honor of serving with a fantastic vice president who you just heard from, Kamala Harris, who makes history as the first woman, first black woman, the first woman from South Asian descent, the first daughter of in…immigrants ever elected in this country. Don't tell me it's not possible in the United States. It's long overdue.

And we're reminded tonight of those who fought so hard for so many years to make this happen. Once again, America's bent the arc of the moral universe more toward justice.

Kamala, Doug, like it or not, you're family. You've become an honorary Biden, there's no way out.

To all those of you who volunteered and worked the polls in the middle of this pandemic, local elected officials: You deserve a special thanks from the entire nation.

fantastic:
非常に優れた、素晴らしい
vice president:
副大統領
South Asian:
南アジアの、南アジア系の
descent:
血統、祖先
immigrant:
移民、移住者
elected:
選ばれた、当選した
overdue:
期限を過ぎた、延び延びになった
be reminded of:
〜を想起させられる、〜が頭をよぎる
make...happen:
…を生じさせる、実現させる
bend:
〜を曲げる
arc:
円弧、弧
moral:
道徳上の、精神的な

ジョー・バイデン
「勝利宣言」

そして、光栄なことに、私が公務を共にするのは素晴らしい副大統領、皆さんが話をお聞きになったばかりのカマラ・ハリスになります。彼女は、この国の当選者の中で初めての女性、初めての黒人女性、初めての南アジア系の血統の女性、初めての移民の娘として歴史に残ります。米国でそんなことは不可能だとは言わないでください。長く待たされすぎたのです。

そして、今夜思い出されるのは、こうしたことを実現しようと長年にわたって懸命に戦った人たちのことです。アメリカは再度、道徳世界の弧をより正義方向に曲げたのです。

カマラ、ダグ、好むと好まざるとにかかわらず、あなたたちは家族です。「名誉バイデン」になったのであり、逃れるすべはありません。

このパンデミックの最中に投票所でボランティアをしたり働いたりした皆さんや、地方の公職に当選した皆さんなどに。あなた方は国全体からの特別な感謝に値します。

universse:
宇宙、世界
justice:
正義、公正
Doug:
ダグ ▶p.40の語注参照。
like it or not:
好むと好まざるにかかわらず、いやが応でも
honorary:
名誉上の、肩書上の
be no way out:
逃げ道がない、逃がれられない
volunteer:
～を自発的に行う、ボランティアで行う
polls:
投票所
pandemic:
世界的流行病、パンデミック
deserve:
～を受けるに値する、～にふさわしい
entire nation:
国中の人間、国民全体

CD Track **28**

Joe Biden:
Victory Speech

■歴史上、最も幅広く多様な連合を組んだ

And to my campaign team and all the volunteers and all who gave so much of themselves to make this moment possible: I owe you. I owe you. I owe you everything.

And to all those who supported us: I'm proud of the campaign we built and ran. I'm proud of the coalition we put together, the broadest and most diverse coalition in history: Democrats, Republicans, independents, progressives, moderates, conservatives, young, old, urban and suburban, rural, gay, straight, transgender, white, Latino, Asian, Native American. I mean it.

Especially those moments... And especially [in] those moments when this campaign was at its lowest ebb, the African American community stood up again for me. You've always had my back, and I'll have yours.

campaign:
選挙運動、キャンペーン
give oneself to:
～に専念する、打ち込む
owe:
～のおかげである、～に恩を受けている
support:
～を支持する、支援する

run:
～を運営する、管理する
coalition:
連合、連携
put together:
～をまとめる、作り上げる
broad:
広い、広範な
diverse:
多様な、それぞれ異なる

Democrat:
民主党員
Republican:
共和党員
independent:
無党派の人
progressive:
進歩主義者、進歩的な人
moderate:
穏健主義者、穏健派の人

ジョー・バイデン「勝利宣言」

そして、私のキャンペーンチームとすべてのボランティアの皆さん、さらにはこうした瞬間を実現するために多大な献身をしてくれた皆さんへ。あなた方のおかげです。あなた方のおかげです。すべてはあなた方のおかげです。

そして、われわれを支えてくれた皆さんへ。私は、われわれが作り上げ、運営したキャンペーンを誇りに思います。私は、われわれがまとめ上げた連携、歴史上最も広範で最も多様性に富んだ連携を誇りに思います。民主党員も共和党員も無党派も、進歩派も穏健派も保守派も、若者も高齢者も、都市生活者も郊外生活者も地方在住者も、ゲイもストレートもトランスジェンダーも、白人もラテン系もアジア系もネイティブアメリカンもいたのです。本当にそうなのです。

特にそうした時は……。そして、特にこのキャンペーンが最も低調だった時に、アフリカ系アメリカ人のコミュニティーが私のために再び立ち上がってくれました。あなた方にはいつも助けられましたから、これからは私があなた方を助けます。

conservative:
保守主義者、保守的な人
urban:
都会居住者、都会の人
suburban:
郊外居住者、郊外の人
rural:
田舎の人、農村の人
straight:
一般的な異性愛者、ストレート
transgender:
トランスジェンダー　▶生物学的な性別とは異なる社会生活を望む人。
Latino:
ラテン系の男性
Native American:
アメリカ先住民、ネイティブアメリカン
mean it:
本気で言う、冗談などではない
ebb:
衰退、減退
stand up for:
〜のために立ち上がる、〜に味方する
have someone's back:
〜を守る、助ける

Track 29

JOE BIDEN:
Victory Speech

■トランプ大統領に投票した人も、敵ではない

I said at the outset I wanted to represent…this campaign to represent and look like America. We've done that. Now that's what we want the administration to look like and act like.

For all those of you who voted for President Trump, I understand the disappointment tonight. I've lost a couple times myself. But now, let's give each other a chance. It's time to put away the harsh rhetoric, lower the temperature, see each other again, listen to each other again. And to make progress, we have to stop treating our opponents as our enemies. They are not our enemies. They are Americans. They're Americans.

at the outset:
当初は、初期の段階に
represent:
〜を代表する、象徴する

act:
行動する、振る舞う
disappointment:
失望、落胆

put away:
〜を片付ける、捨てる
harsh:
とげとげしい、しんらつな

ジョー・バイデン「勝利宣言」

当初から言っていたのですが、私がやりたかったのは、アメリカを象徴するような、アメリカらしい選挙戦です。われわれはそれをやってのけました。今は、政権がそう見え、そう振る舞うことを願っています。

皆さんのうちトランプ大統領に投票した人全員にとって、今夜は失望の時だと理解しています。私自身も何度か敗北していますから。しかし、今はお互いにチャンスを与えようではありませんか。とげとげしい言葉遣いはやめ、熱くなりすぎないようにして、もう一度互いに向き合い、互いに耳を傾けるべき時期です。そして、前に進むために、われわれは対戦相手を敵として扱うことをやめるべきです。彼らは敵ではありません。アメリカ人なのです。彼らはアメリカ人です。

rhetoric:
言葉遣い、物の言い方
lower the temperature:
熱を下げる、熱くならないで落ち着く

make progress:
前進する、前に進む
treat A as B:
AをBとして扱う、取り扱う

opponent:
対戦相手、競争相手
enemy:
敵、敵対者

Track 30

Joe Biden:
Victory Speech

■国民は品位と公正の力を導くことを求めた

The Bible tells us to everything there is a season, a time to build, a time to reap and a time to sow—and a time to heal. This is the time to heal in America.

Now this campaign is over, what is the will of the people? What is our mandate? I believe it's this: America, you've called upon us to marshal the forces of decency, the forces of fairness, to marshal the forces of science and the forces of hope in the great battles of our time: the battle to control the virus; the battle to build prosperity; the battle to secure your family's health care; the battle to achieve racial justice and root out systemic racism in this country; and the battle to save our planet by getting climate under control; the battle to restore decency, defend democracy and give everybody in this country a fair shot. That's all they're asking for: a fair shot.

the Bible:
聖書
build:
建設する、建造する
reap:
刈り入れる、収穫する
sow:
種をまく、植え付ける
heal:
癒やす、治す

will:
意志、意向
mandate:
（選挙民から議員などへの）委任、負託
call upon/on...to do:
…に対し～するように呼びかける、求める
marshal:
～を集める、集結させる

force:
力、勢力
decency:
品の良さ、良識
fairness:
公正さ
control:
～を制御する、抑制する
prosperity:
繁栄、成功

ジョー・バイデン「勝利宣言」

聖書は何事にも季節があると教えています。建てる時、刈り入れる時、種をまく時——そして、癒しの時です。今のアメリカは癒しの時なのです。

さて、この選挙運動は終わりましたが、国民の意思はどのようなものでしょうか。われわれに何が負託されたのでしょうか。私はこう信じています。アメリカが、すなわち皆さんがわれわれに求めたのは、良識の力や公正の力を結集すること、現代の大いなる戦いにおける科学の力や希望の力を結集することでしたが、大いなる戦いとはウイルスを制御する戦い、繁栄を築く戦い、家族の健康を守る戦い、人種的公正を達成してこの国の構造的人種差別を一掃する戦い、気候を制御して地球を救う戦い、良識を取り戻して民主主義を守り、この国の全員に公平なチャンスを与える戦いのことです。彼らが求めているのはそれだけなのです。公平なチャンスです。

secure:
〜を保護する、守る
health care:
医療、健康管理
achieve:
〜を成し遂げる、達成する
racial:
人種の、人種的な
root out:
〜を根絶する、一掃する
systemic racism:
構造的人種差別、体系的人種差別 ▶p.47の語注参照。
our planet:
地球
get...under control:
…を制御する、管理する
climate:
気候
restore:
〜を取り戻す、回収する
defend:
〜を守る、防衛する
shot:
勝ち目、成功する可能性

CD Track **31**

Joe Biden:
Victory Speech

■新型コロナ対策の「バイデン・ハリス計画」

Folks, our work begins with getting COVID under control. We cannot repair the economy, restore our vitality or relish life's most precious moments—hugging our grandchildren, our children, on birthdays, weddings, graduations, all the moments that matter most to us—until we get it under control.

On Monday, I will name a group of leading scientists and experts as transition advisers to help take the Biden-Harris COVID plan and convert it into an action blueprint that will start on January the 20th, 2021.

That plan will be built on bedrock science. It'll be constructed out of compassion, empathy and concern. I will spare no effort—none—or any commitment to turn around this pandemic.

begin with:
～から始まる
COVID:
＝coronavirus disease　コロナウイルス感染症
repair:
～を立て直す、復興させる
vitality:
活力、バイタリティー

relish:
～を享受する、楽しむ
precious:
貴重な、大事な
hug:
～を抱きしめる、ハグする
graduation:
卒業
matter:
重要である、大切である

name A as B:
AをBに任命する、指名する
expert:
専門家、エキスパート
transition:
移行、政権移行
adviser:
相談役、顧問

ジョー・バイデン「勝利宣言」

皆さん、われわれの最初の仕事は、新型コロナウイルス感染症を制御することです。われわれは経済を立て直すこともできなければ活力を取り戻すことも、人生の最も貴重な瞬間を享受することも――誕生日や結婚式や卒業式といったわれわれにとって最も重要な瞬間のあれこれにおいて孫たちや子どもたちを抱きしめることも――できないのです、それを制御しない限りは。

月曜日に、私は一群の主要な科学者や専門家を政権移行チームの顧問に任命する予定です。「バイデン・ハリスCOVIDプラン」を取り上げてそれを行動を起こすための青写真に変換し、2021年1月20日に開始できるよう彼らに助言してもらいます。

そのプランはしっかりした科学に基づいて作成されることになります。それは思いやりと共感と懸念によって成り立つものです。私は一切の努力を惜しみません――まったく、です――し、このパンデミックを好転させるためのあらゆる責務を惜しみません。

convert A into B:
AをBに変換する、転換する
action:
活動、行動
blueprint:
青写真、設計図
bedrock:
盤石の、確固とした

be constructed out of:
〜によって構築される、〜から作成される
compassion:
思いやり、同情
empathy:
共感、感情移入
concern:
気遣い、懸念

spare:
〜を控える、出し惜しむ
effort:
努力、尽力
commitment:
献身、深い関与
turn around:
〜を好転させる、回復させる

CD Track 32

Joe Biden: Victory Speech

■自分に投票しなかった人のためにも働く

Folks, I'm a proud Democrat, but I will govern as an American president. I'll work as hard for those who didn't vote for me as those who did. Let this grim era of demonization in America begin to end here and now.

The refusal of Democrats and Republicans to cooperate with one another—it's not some mysterious force beyond our control; it's a decision, a choice we make. And if we can decide not to cooperate, then we can decide to cooperate.

And I believe that this is part of the mandate given to us from the American people. They want us to cooperate in their interest. And that's the choice I'll make. And I'll call on Congress, Democrats and Republicans alike, to make that choice with me.

govern:
統治する
grim:
恐ろしい、ゾッとするような
era:
（ある特徴を持つ）時代、時期
demonization:
悪魔化
here and now:
今この場で、今すぐ
refusal:
拒否、拒絶
cooperate with:
～と連携する、～に協力する

ジョー・バイデン
「勝利宣言」

皆さん、私は誇りある民主党員ですが、統治するにあたってはアメリカの大統領となります。私に投票しなかった人のためにも私に投票した人のためにも、同じように一生懸命に働きます。アメリカに悪魔がはびこるようなこの忌まわしい時代を終わらせることを、今ここで始めましょう。

民主党員と共和党員が互いに協力することを拒否するのは――それはわれわれの制御の及ばぬ何かの不思議な力というわけではありません。それは決断であり、われわれが行う選択なのです。そして、もしわれわれが協力しないと決められるのだとしたら、協力すると決めることもできます。

そして、これはアメリカ国民からわれわれが与えられた使命の一部だと、私は思っています。国民は、彼らに益するように、われわれに協力してもらいたいのです。そして、それこそが私が行う選択です。ですから、私は議会に対し、民主党員にも共和党員にも等しく、私と一緒にその選択を行うように呼びかけます。

mysterious:
謎の、不可解な
decision:
決定、決断

decide not to do:
〜しないことに決める、決心する
in one's interest:
自分の利益のために、有利になるように

choice:
選ぶこと、選択
alike:
同様に、同じように

Track 33

Joe Biden:
Victory Speech

■米国の物語は、着実にチャンスを広げている

The American story is about slow[ly] yet steadily widening the opportunities in America. And make no mistake—too many dreams have been deferred for too long. We must make the promise of the country real for everybody, no matter their race, their ethnicity, their faith, their identity or their disability.

Folks, America has always been shaped by inflection points, by moments in time when we've made hard decisions about who we are and what we want to be: Lincoln, in 1860, coming to save the Union; FDR, in 1932, promising a beleaguered country a new deal; JFK, in 1960, pledging a new frontier; and 12 years ago, when Barack Obama made history. He told us, "Yes, we can."

slowly yet steadily:
ゆっくりだが確実に
widen:
〜を広くする、拡大する
opportunity:
好機、チャンス
make a mistake:
間違いを犯す、ミスする

defer:
〜を先送りする、保留する
promise:
約束、誓約
no matter:
どんな〜であろうとも、〜にかかわりなく
race:
人種

ethnicity:
民族、民族性
faith:
信仰、信条
identity:
身元、アイデンティティー
disability:
障害、身体障害

ジョー・バイデン「勝利宣言」

アメリカの物語は、アメリカにおけるチャンスをゆっくりながらも着実に広げるというものです。そして、間違いをしないでください——あまりにも多くの夢があまりにも長く保留されてきたのですから。われわれは、誰に対しても、人種や民族や宗教やアイデンティティーや障害がどうであれ、国家の約束を実現しなくてはなりません。

皆さん、アメリカを形作ってきたのはいつも変曲点であり、われわれは何者であるのか、そしてどうありたいのかについて難しい決断を下した時点でした。1860年に北軍の救援に向かったリンカーン、1932年に苦境にあえぐ国にニューディールを約束したフランクリン・ルーズベルト、1960年にニューフロンティアを確約したジョン・F・ケネディ、そして12年前、バラク・オバマが歴史を作った時です。彼はわれわれに言いましたね、「そう、われわれにはできる」と。

be shaped by:
〜によって形作られる、形成される
inflection point:
《数学》変曲点　▶グラフの形が下に凸から上に凸（または上に凸から下に凸）に変わる点。
Lincoln:
リンカーン　▶第16代大統領のエイブラハム・リンカーンのこと。
the Union:
（南北戦争時の）北軍
FDR:
＝Franklin D. Roosevelt　▶第32代大統領フランクリン・ルーズベルトの愛称。
beleaguered:
苦境に立たされた、窮地に陥った
JFK:
＝John F. Kennedy　▶第35代大統領ジョン・F・ケネディの愛称。
pledge:
〜を誓う、保証する
Barack Obama:
バラク・オバマ　▶第44代大統領。

CD Track **34**

Joe Biden:
Victory Speech

■天使が悪魔に勝つ「転換点」

Well, folks, we stand at an inflection point. We have an opportunity to defeat despair, to build a nation of prosperity and purpose. We can do it. I know we can. I've long talked about the battle for the soul of America. We must restore the soul of America. Our nation is shaped by the constant battle between our better angels and our darkest impulses. And what presidents say in this battle matters. It's time for our better angels to prevail.

Tonight, the whole world is watching America, and I believe at our best, America is a beacon for the globe. We will not lead… We will lead not only by the example of our power but by the power of our example.

I know… I've always believed, and many of you heard me say it… I've always believed we can define America in one word: possibilities; that in America, everyone should be given an opportunity to go as far as their dreams and God-given ability will take them.

defeat:
～を打ち負かす、～に打ち勝つ
despair:
絶望、失望
constant:
持続する、継続的な

impulse:
衝動、強い欲求
prevail:
勝利を得る、最終的な勝者となる

at one's best:
最善の状態で、絶好調で
beacon:
灯台、水路標識

ジョー・バイデン「勝利宣言」

さて、皆さん、われわれは変曲点にいます。絶望を打ち負かし、繁栄と目標の国を築くチャンスです。われわれにはできます。できると分かっています。アメリカの魂を求める戦いについて長く話してきました。われわれはアメリカの魂を取り戻さなければいけません。わが国を形作るのは善なる天使とわれわれの暗い衝動の間で起こる絶え間なき戦いです。そして、この戦いにおける大統領の発言は大きな意味を持ちます。善なる天使が勝ち残る時がきました。

今夜、世界中がアメリカを見守っていますが、最良の時のアメリカは世界の灯台です。われわれは導きません……われわれは力の模範によってだけでなく模範の力によって先導することになります。

きっと……いつも信じてきました。皆さんの多くが私がこう言ったのを聞いたはず……私はアメリカは1語で定義できるとずっと思ってきました。可能性です。アメリカにおいては、夢と天賦の才によって行けるところまで行くチャンスを誰でも与えられるべきだということです。

the globe:
地球、全世界
example:
模範、手本

define:
～を定義する
go as far as:
～まで行く、～にまで至る

God-given:
神から与えられた、天与の
ability:
才能、能力

CD Track 35

Joe Biden:
Victory Speech

■常に先を見据える「可能性」の国に

You see, I believe in the possibilities of this…of this…of this country. We're always lookin' ahead; ahead to an America that's freer and more just; ahead to an America that creates jobs with dignity and respect; ahead to an America that cures diseases like cancer and Alzheimer's; ahead to an America that never leaves anyone behind; ahead to an America that never gives up, never gives in.

This is a great nation. It's always been a bad bet to bet against America. We're good people. This is the United States of America, and there's never been anything…never been anything we've been able…not able to do when we've done it together.

look ahead:
先を見越す、将来のことを考える
free:
自由な、束縛のない

just:
正しい、公正な
create jobs:
雇用を創出する
dignity:
威厳、尊厳

respect:
尊敬、敬意
cure:
～を治す、治療する
disease:
病気、疾患

ジョー・バイデン「勝利宣言」

ほら、私はこの……この……この国の可能性を信じているのです。われわれは常に前途を見ています。より自由で正しいアメリカへの道。尊厳と敬意を持って雇用を創出するアメリカへの道。がんやアルツハイマーのような病気を治すアメリカへの道。誰も置き去りにしないアメリカへの道。決してあきらめず、決して白旗を掲げないアメリカへの道です。

ここは偉大な国です。アメリカが負ける方に賭けるのは常に分の悪い賭けでした。われわれは優れた国民です。ここはアメリカ合衆国であり、何もなかった……われわれが団結して行ったときに不可能なことなど何もありませんでした。

cancer:
がん
Alzheimer's:
＝Alzheimer's disease　アルツハイマー病　▶老年性認知症の一種。

leave...behind:
…を置き去りにする、見捨てる
give up:
あきらめる、断念する
give in:
負けを認める、降参する

bet:
賭け
bet against:
～が負ける方に賭ける

CD Track 36

Joe Biden:
Victory Speech

■神と歴史が求められる仕事を

Folks, in the last days of the campaign, I began thinkin' about a hymn that means a lot to me and my family, particularly my deceased son, Beau. It captures the faith that sustains me and which I believe sustains America. And I hope… And I hope it can provide some comfort and solace to the 230 million…thousand Americans who've lost a loved one to this terrible virus this year. My heart goes out to each and every one of you. Hopefully, this hymn gives you solace as well. And it goes like this:

"And he will raise you up on eagle's wings, bear you on the breath of dawn and make you to shine like the sun and hold you in the palm of his hand."

And now, together, on eagles wings, we embark on the work that God and history have called upon us to do, with full hearts and steady hands, with faith in America and in each other, with love of country, a thirst for justice.

hymn:
《カトリック》聖歌
particularly:
特別に、とりわけ
deceased:
死んだ、死去した
Beau:
ボー ▶p.39の語注参照。
capture:
〜を捉える、捉えて放さない

sustain:
〜を支える、〜の支えとなる
provide A to B:
AをBに与える、提供する
comfort:
慰め、癒し
solace:
慰め、安らぎ
loved one:
最愛の人

terrible:
恐ろしい、怖い
one's heart goes out to:
〜に同情する
hopefully:
願わくは、できれば
as well:
同様に、同じく

ジョー・バイデン「勝利宣言」

皆さん、選挙運動の終盤の日々に、私は聖歌について考え始めていました。聖歌は、私や私の家族、とりわけ死んだ息子のボーにとって多くの意味を持っています。私を支える信仰に惹かれているのですが、それはアメリカを支えると私は思います。そして、希望としては……。そして、今年この恐ろしいウイルスによって愛する人を失った2億3千万……23万の人たちにいくらかの癒しと慰めを与えることができたらと思います。あなた方ひとりひとりに思いをいたしています。願わくば、この聖歌が皆さんにも慰めとなりますように。そして、聖歌は次のように言っています。

「彼（神）は汝(なんじ)をワシの翼の上に導き、夜明けの息吹の上で支え、太陽のごとく輝かせ、御手(みて)の中で抱く」

そして今、共にワシの翼に乗り、神と歴史がわれわれになすよう求めている仕事に着手します。全力でしっかりと、アメリカとお互いを信じて、国への愛と正義への渇望を持って。

go:
〜と書いてある、述べられている
raise...up:
…を持ち上げる
bear:
〜に耐える、〜を支える
breath:
呼吸、息
dawn:
夜明け、暁
shine:
輝く、光る
palm of one's hand:
手のひら
embark on:
〜に乗り出す、着手する
steady hand:
優れた統率力、決断力
with full hearts:
心を込めて、一心に
with steady hands:
しっかりしたやり方で、しっかりと
thirst for:
〜に対する渇望、熱望

CD Track 37

Joe Biden:
Victory Speech

■信念を貫き、広めよ

Let us be the nation that we know we can be, a nation united, a nation strengthened, a nation healed, the United States of America. Ladies and gentlemen, there's never, never been anything we've tried we've not been able to do.

So remember, as my grandpap...our grandpappy said when I walked out of his home when I was a kid up in Scranton—he said, "Joey, keep the faith." And our grandmother, when she was alive, she'd yell, "No, Joey—spread it."

S...Spread the faith. God love you all. May God bless America, and may God protect our troops. Thank you. Thank you. Thank you.

strengthened:
強化された、強くなった

grandpappy:
＝grandfather　おじいちゃん、祖父

up:
（地図の）上の方で、北の方で

Scranton:
スクラントン　▶ペンシルベニア州北東部の都市。

Joey:
ジョーイ　▶Joeの愛称。

grandmother:
おばあちゃん、祖母

ジョー・バイデン
「勝利宣言」

われわれがなりえると分かっている国、統合された国、強化された国、癒された国、アメリカ合衆国になろうではありませんか。皆さま、われわれが試みてできなかったことなど決して決してありません。

だから、思い出してください、私の祖父……うちの祖父が、私が彼の家を出るとき、当時の私はスクラントンの北で暮らす子どもだったのですが——彼が言ったのです、「ジョーイ、信条を捨てるなよ」と。すると祖母が、まだ存命だった頃ですが、大声でこう言いました。「いいえ、ジョーイ——それを広めるのよ」と。

信条を広げてください。皆さんに神の愛がもたらされますように。アメリカに神の祝福がありますように、そしてわが軍に神のご加護がありますように。ありがとうございます。ありがとうございます。ありがとうございます。

（訳　編集部）

alive:
生存中の、生きている
yell:
〜と大声で叫ぶ、怒鳴る

spread:
〜を広める、流布させる
May God bless:
〜に神の祝福のあらんことを、〜に神のお恵みを

protect:
〜を守る、保護する
troops:
部隊、軍隊

ヒラリー・クリントン「敗北宣言（2016年）」

HILLARY CLINTON: 2016 Concession Speech

前回の大統領選で圧勝を予想され、実際に総得票数ではトランプを上回ったものの、
史上初の女性大統領という夢を取り逃がす結果となったヒラリー・クリントン。
悔しさを胸に潔く負けを認めた彼女の敗北宣言は、感銘深い名演説のひとつとされている。
特に、女の子たちに夢をあきらめないように訴えるくだりは、
いま改めて聴くと、ハリスの勝利宣言のお手本であったかのように思われる。

実施日：2016年11月9日（現地時間）
場所：ニューヨーク州ニューヨーク「ニューヨーカーホテル」
本書収録：抜粋して収録　CD収録時間：3分46秒

写真：Getty Images

CD Track 39

HILLARY CLINTON:
2016 Concession Speech

■「ガラスの天井」が早く打ち砕かれることを願う

And to the young people in particular: I hope you will hear this. I have, as Tim said, spent my entire adult life fighting for what I believe in. I've had successes, and I've had setbacks, sometimes really painful ones. Many of you are at the beginning of your professional, public and political careers. You will have successes and setbacks too. This loss hurts, but please never stop believing that fighting for what's right is worth it.

And to all the women, and especially the young women, who put their faith in this campaign and in me: I want you to know that nothing has made me prouder than to be your champion. Now, I...I know...I know we have still not shattered that highest and hardest glass ceiling, but someday, someone will—and hopefully sooner than we might think right now.

concession speech:
敗北演説、敗北宣言
in particular:
特に、とりわけ
Tim (Kaine) :
ティム・ケイン ▶バージニア州選出の民主党上院議員。2016年の大統領選で、クリントン氏の副大統領候補に指名された。

success:
成功、達成
setback:
挫折、失敗
painful:
つらい、苦痛な

professional:
職業の
public:
公的な
loss:
敗北

ヒラリー・クリントン「敗北宣言（2016年）」

そして、特に若い人たちに伝えたいことがあります。聞いていただければと思います。ティムが話したように、私は成人してからずっと自分が信じるもののために戦ってきました。成功したこともありますし、挫折したこともあります。時には、とてもつらい挫折もしました。あなた方の多くは、仕事、公的な仕事、政界でのキャリアをスタートさせたばかりです。その中で、あなた方も成功や挫折を経験するでしょう。今回の敗北はつらいものですが、どうか正しいもののために戦うことには価値があると信じるのをやめないでください。

そして、今回の選挙戦と私を信じてくださった女性の皆さん、とりわけ若い女性の皆さん。皆さんにぜひ知っておいていただきたいのは、私は皆さんの擁護者になれたことを、これ以上なく誇りに思っているということです。確かに、私たちはまだあの最も高く、最も硬い「ガラスの天井」を打ち砕いてはいません。ですが、いつか、誰かが打ち砕いてくれることでしょう——私たちが今おそらく思っているよりも早く、その日が訪れることを願っています。

hurt:
心を痛める
be worth it:
それだけの価値がある
put one's faith in:
〜を信頼する

proud:
誇らしい、誇りに思う
champion:
擁護者
shatter:
〜を打ち砕く、粉々にする

glass ceiling:
ガラスの天井、見えない昇進の壁
someday:
いつか、いつの日か
hopefully:
願わくば、できることなら

CD Track 40

HILLARY CLINTON:
2016 Concession Speech

■幼い少女の皆さんへ

And...and to all the little girls who are watching this, never doubt that you are valuable and powerful and deserving of every chance and opportunity in the world to pursue and achieve your own dreams.

Finally...finally, I am so grateful for our country and for all it has given to me. I count my blessings every single day that I am an American. And I still believe, as deeply as I ever have, that if we stand together and work together with respect for our differences, strength in our convictions, and love for this nation, our best days are still ahead of us.

doubt that:
〜ということに疑いを抱く
valuable:
価値がある、貴重な
be deserving of:
〜を得るに値する

every...in the world:
あらゆる…
opportunity:
機会、チャンス
pursue:
〜を追う、追求する
achieve:
〜を達成する、実現する

be grateful for:
〜に感謝する、〜をありがたく思う
count one's blessings:
自分の恵まれた点を数え上げる、自分がいかに恵まれているかをかみしめる　▶逆境にあるとき、落胆したときなどに、自分を慰めるために用いる表現。

ヒラリー・クリントン「敗北宣言（2016年）」

そして、今これを見ている幼い少女の皆さん。あなたたちには価値があり、力があり、夢を追いかけて実現するためのあらゆるチャンスと機会を得るに値することを疑わないでください。

最後に、わが国とわが国が与えてくれたものすべてに、心からの感謝を捧げます。自分がアメリカ人であるという幸せをかみしめない日は1日たりともありません。そして今もなお、これまでどおり深く信じています、お互いの相違に対する敬意と、強い信念と、この国への愛を忘れずに手を取り合い、力を合わせれば、前途には最良の日々が待っているということを。

every single day:
毎日毎日、一日も欠かさずに
stand together:
手を取り合う、団結する
respect for:
～に対する敬意、～の尊重
strength in:
～の強さ
conviction:
信念
be ahead of:
～の前方にある、行く手にある

CD Track 41

Hillary Clinton: 2016 Concession Speech

■私たちは手を取り合うことでより強くなる

Because, you know...you know, I believe we are stronger together, and we will go forward together. And you should never ever regret fighting for that. You know, scripture tells us, "Let us not grow weary in doing good, for in due season, we shall reap if we do not lose heart." So, my friends, let us have faith in each other. Let us not grow weary. Let us not lose heart, for there are more seasons to come, and there is more work to do.

I am incredibly honored and grateful to have had this chance to represent all of you in this consequential election. May God bless you, and may God bless the United States of America.

go forward:
前進する
never ever:
何があっても〜ない、決して〜ない
regret doing:
〜したことを後悔する

scripture:
聖書
grow weary:
疲れる ▶"Let us not...lose heart."は新約聖書「ガラテヤの信徒への手紙」6章9節より。
do good:
善行をする

in due season:
しかるべき時に、時が来れば
reap:
収穫する、実りを刈り取る
lose heart:
くじける、へこたれる

ヒラリー・クリントン「敗北宣言（2016年）」

なぜなら、そう、私は信じているからです、私たちは手を取り合うことでより強くなり、共に前進するのだと。そして、そのために戦ったことを決して後悔しないでください。聖書にはこうあります、「たゆまず善を行いましょう。落ち込むことなく励んでいれば、時が来て、実りを刈り取ることになります」と。ですから、皆さん、お互いに信じ合いましょう。諦めずにいましょう。くじけずにいましょう。なぜなら、これからも実りの時は訪れ、やるべきことはまだまだあるからです。

このような重大な選挙で皆さんの代表となる機会を得たことは大変光栄であり、心から感謝しています。皆さんに神のご加護を。アメリカ合衆国に神のご加護を。

（訳　安野玲）

have faith in:
～を信じる、信頼する
season:
時期
be honored to do:
～することを光栄に思う

incredibly:
大変に、非常に
represent:
～を代表する、～の代表者となる

consequential:
重大な、重要な
May God bless:
～に神のご加護がありますように

■ CDナレーション原稿

付録のCDでは、オープニングとエンディングに英語のナレーションが入っているほか、各演説の冒頭でタイトルが読み上げられています。それらの内容をここに示します。

■track 01

Thank you for purchasing *The Victory Speeches of Joe Biden and Kamala Harris.* We kick off with a selection of passages from Ms. Kamala Harris's acceptance speech as the Democratic nominee for vice president.

■track 08

Now let's listen to some excerpts from Mr. Joe Biden's acceptance speech as the Democratic nominee for president.

■track 12

Next up is Kamala Harris's election victory speech.

■track 22

Now we have Joe Biden's election victory speech.

■track 38

And finally, let's listen to some highlights of Ms. Hillary Clinton's 2016 concession speech.

■track 42

And that brings us to the end of this audio program.
See you in our next issue!

purchase:
～を購入する、買う
victory speech:
勝利演説、勝利宣言
kick off with:
～から始める、開始する
a selection of:
選ばれた、えり抜きの
passage:
（文学作品などの）一節、一句
acceptance speech:
指名受諾演説
Democratic:
民主党の
nominee for:
～の候補者、候補に指名された人
vice president:
副大統領
excerpt:
抜粋、抄録
next up:
次の番、次にくるもの
election:
選挙、投票
highlight:
最も興味深い部分、ハイライト
concession speech:
敗北演説、敗北宣言
issue:
（定期的な）刊行物

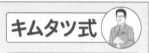

電子書籍版（PDF）・MP3音声の入手方法

本書のご購入者は、下記URLまたはQRコードから申請していただければ、本書の電子書籍版（PDF）とMP3音声を無料でダウンロードすることができるようになります。スマートフォンなどに入れておけば便利です。

申請サイトURL（ブラウザの検索窓ではなく、URL入力窓に入力してください）

https://www.asahipress.com/eng/jokamavisp/

【注意】

●PDFは本書の紙面を画像化したものです。MP3音声は本書付録のCDと同一内容です。

●本書初版第1刷の刊行日（2020年12月1日）より3年を経過した後は、告知なしに上記申請サイトを削除したり電子書籍版（PDF）・MP3音声の配布をとりやめたりする場合があります。あらかじめご了承ください。

［生声CD＆電子書籍版付き］

バイデン＆ハリス勝利宣言

2020年12月1日　初版第1刷発行

編　集　『CNN English Express』編集部
発行者　原 雅久
発行所　株式会社 朝日出版社
〒101-0065 東京都千代田区西神田3-3-5
TEL: 03-3263-3321　FAX: 03-5226-9599
郵便振替 00140-2-46008
https://www.asahipress.com（HP）　https://twitter.com/asahipress_com（ツイッター）
https://www.facebook.com/CNNEnglishExpress（フェイスブック）
印刷・製本　凸版印刷株式会社
DTP　有限会社 ファースト
音声編集　ELEC（一般財団法人 英語教育協議会）
表紙写真　代表撮影/AP/アフロ
装　丁　岡本 健＋藤原由貴（岡本健＋）

ISBN978-4-255-01215-5 C0082